내 영혼을 흔들어 깨우는

내 영혼을 흔들어 깨우는

정 귀 자 시집

밀레

서문

젊은 날에는 계절이 바뀔 때마다 새롭게 느껴지는 사색의 언덕에서 갖가지 생각들을 그려 보곤 했었다. 그러나 가정주부란 삶의 언저리에서 꿈을 포기할 수밖에 없었다.

뒤늦은 나이에 그 꿈의 씨앗이 가슴을 맴돌고 살아 숨 쉬고 있어 용기를 내어본 4년의 시간들 우연이랄까, 필연이랄까 '뜻이 있는 곳에 길이 있고' '기회는 언제나 잡는 자의 것'이라 했듯이 그 동안 열심히 배우고 익히며 썼던 작품들을 모아 첫 시집을 상재하게 되었다.

한없이 부끄럽고 쑥스럽다.
그러나 한편으로는 자랑스럽고 보람을 느낀다.

이 모든 것이 내 가슴에 사랑과 열정으로 시(詩)의 불을 지펴 용광로처럼 끓어오르게 해주신 정찬우 교수님과 가족들에게 진심으로 감사드린다.

2024. 10. 25.
청권사 뒤뜰에서
정 귀 자

<목차>

서문 ·· 5

제1부 / 바람의 여운

바람의 여운 ·· 12
호반의 풍경 ·· 13
바람이 불어오는 날 ······························ 14
떠나보낸 그리움 ·································· 15
님의 잔상 ··· 16
봄바람 ··· 17
그대 찾는 길 ······································· 18
꽃향기 ··· 19
가을 엽서 ··· 20
아름다운 삶 ·· 21
벚꽃 길 ·· 22
벚꽃 ·· 23
내 고향 ·· 24
세월 ·· 25
호수 ·· 26
홍시 ·· 27
백련 이야기 ·· 28
바닷가 풍경 ·· 29
축복의 길 ··· 30
부활절 ··· 31
큰 사랑 ·· 32

제2부 / 청솔밭의 향기

아름다운 일상 ················· 34
태극기 ······················· 35
무궁화 ······················· 36
그리움(1) ···················· 37
그리움(2) ···················· 38
어디에서 ····················· 39
사랑 ························· 40
담쟁이 넝쿨 ·················· 41
삶의 여정 ···················· 42
가족 ························· 43
고백 ························· 44
청솔밭의 향기 ················ 45
아버지 가시던 길 ············· 46
무지개 동산 ·················· 47
호반 ························· 48
들풀의 속삭임 ················ 49
선인장 ······················· 50
운동장에서 ··················· 51
나를 찾아서 ·················· 52
생일잔치 ····················· 53
그리운 님이시여 ·············· 54

제3부 / 아름다운 향기

삶의 길목에서	56
님의 목소리	57
가신 님	58
어머니	59
모정의 마음	60
봄을 기다리며	61
노을 진 용유도	62
부겐베리아의 꿈	63
눈(雪)	64
아름다운 향기	65
살아가는 것	66
기도	67
빗속에 젖은 그리움	68
아름다운 날	69
귀뚜라미	70
숲길에서	71
난	72
기쁨의 날	73
사랑하는 마음	74
성령의 바람	75
보름달	76

시를 기다리며 ………………………………… 77
오솔길 ………………………………………… 78

제4부 / 행복한 일상

고향 집 ………………………………………… 80
설날 …………………………………………… 81
행복한 일상 …………………………………… 82
가을 하늘 ……………………………………… 83
민들레 ………………………………………… 84
가을 길 ………………………………………… 85
나팔꽃 ………………………………………… 86
토끼풀 ………………………………………… 87
친구 …………………………………………… 88
구절초 ………………………………………… 89
요양원의 하루 ………………………………… 90
언어의 생태 …………………………………… 91
벗이여 ………………………………………… 92
해바라기 동산엔 ……………………………… 93
찔레꽃(1) ……………………………………… 94
찔레꽃(2) ……………………………………… 95
팔영산 ………………………………………… 96

망령의 공간 ·· 97
감사의 기도 ·· 98
길 ·· 99
코스모스 길 ··· 100

제5부 / 수필 / 추억의 꽃들

아버지의 눈물 ·· 102
봄나들이 ·· 105
추석맞이 ·· 107
추모 예배 ·· 109

정귀자 시인의 시세계 ································ 112

제1부
바람의 여운

바람의 여운 / 호반의 풍경
바람이 불어오는 날 / 떠나보낸 그리움
님의 잔상 / 봄바람
그대 찾는 길 / 꽃향기
가을 엽서 / 아름다운 삶
벚꽃 길 / 벚꽃
내 고향 / 세월
호수 / 홍시
백련 이야기 / 바닷가 풍경
축복의 길 / 부활절
큰 사랑

바람의 여운

인연으로 맺은 정(情)
한 생을 살아오며
기쁨도 슬픔도 많았을 것을

어찌 그 짧은 인생 길
세월의 정을 느끼지 못하고 살았는지
순간의 석별이 이렇게 외로울 줄이야

미안하다는 말
사랑한다는 말
행복했다는 말
한 마디 전하지 못하고
떠나보낸 아쉬운 정 어찌 헤아릴지

스치는 바람은
내 마음 알고나 있을런지
바람의 여운으로 전하리오

호반의 풍경

산 그림자 품고 있는 호반엔
어머니의 가슴이
넓게 드리워져 있고

물비늘 헤집는
저 철새들의 황홀한 군무(群舞)들 또한
사랑이고 배려이며
가족들의 귀한 혼령이다

그 속을 노닐던
우리들의 환희와 애환 속에
잔주름 일렁이는 물이랑에도
내 마음 씻기운 꽃비가 내린다

생명이고 삶이란
저리도 곱고 아름다운
한 폭의 그림 같은 풍광으로
빛을 이루고 있다

바람이 불어오는 날

사색의 교정(校庭)에 앉아
바람의 풍요를 느낄 때 쯤
깃발로 흔들어 깨우는 조국이 있고
가슴에 젖은 교기(敎旗)가 뭉클하게 흔들린다

푸르름이 짙어진 플라타너스의
우람한 잎들의 향기
바람에 젖고 가슴에 흔들리는
한적한 벤치에 앉아

땡볕으로 익어가는 운동장에서는
폭포수 같은 땀방울 흘리며
뛰어 노는 까까머리 아이들
송알송알 불어오는 바람에 몸을 맡겨
해후(邂逅)를 즐기고만 있다

떠나보낸 그리움

인연으로 맺은 필연
아니, 필연이었기에 함께 한 삶
한생을 지지고 볶으며
애환도 많았으나

떠나보낸 님이 그리움은
운명인 듯 사랑인 듯
보고픔에 안겨 우는 밤의 시간들

환한 웃음에 다정한 그 목소리
언제쯤 다시 만나 그 가슴에 안겨보리

서성이는 바람결도 무심토록
후두둑 젖어드는 슬픈 눈망울
하늘도 땅도 야속한 침묵이네

님의 잔상

고요가 흐르는 새벽녘
하늘이 그렇고 땅이 그렇고
산자락마저 하얀 눈으로 뒤덮여

행여나 잊을세라
당신이 가시는 길
밝혀 주고 있나 보내요

한 생을 함께한
잊을 수 없는 애틋함을
이제 혼자서 감당해야 할
그 아릿한 그리움

내 어이 그 무거운 짐을 안고
살아가야 할지
당신의 그림자는 가슴앓이 늪으로
사라지고만 있구려

부디 하늘 집에 닫거들랑 소식이나
자주 주시와요

봄바람

햇살로 익어간 산수유 가지며
화사한 진달래 향이
내 고향 산자락 같다

어깨를 나란히 낙엽 길 따라 걷던
그리운 님의 모습
지금 쯤 어디 계시는지

파릇한 새싹 단잠을 깨워
나를 반기는데
말없이 떠나신 당신
이슬 맺힌 눈망울로 그리움만 쌓이네

잎 새에 부는 바람에도
구슬피 울어대는 뻐꾸기처럼
내 영혼속의 그대 이름 불러 봅니다

그대 찾는 길

산모롱이 돌고 돌아
찾아 나선 안식처

비에 젖은 을씨년스런 모습에
장미꽃 한 아름 받쳐 들고
귀엣 말로 속삭이는 그리움이여

여명(黎明)이 피는 새벽이면 햇살 머금고
노을 진 해질녘엔 보고픔 새기면서
반짝이는 별빛 아래 은하계를 수놓으소서

사랑하는 님이시여
외로움은 누군가로 채울 수 있다지만
그리움은 오직 당신뿐이라는 걸

다정한 목소리 따스한 가슴의 전율
꿈길에서나 만날 수 있으려나
돌아서는 그리움이여

꽃향기

담장 넘어 기대고 선
넝쿨장미의 환한 미소가
울긋불긋 향기로 피어나면

벌 나비들 날아들어
꽃 춤을 추며 술래잡기를 한다

봄은 언제나
향기로운 아침의 기도로 피어나
소리 없는 허물을 감싸 안고

꽃처럼 아름다움을 간직한 채
배품과 헌신의 희생으로
영원한 삶을 유추하는 향기다

가을 엽서

세월의 허무일까
무상함의 아름다움일까
함께하자는 즐거움일까

바람으로 익어가는
빛의 여운들
곱기도 고와 연서(戀書)되어 날으네

한 잎에는 은혜로운 부모사랑
한 잎에는 일생의 부부사랑
한 잎에는 열매 맺은 자녀사랑

지우고 다듬은 소중한 사연 엮어
바람에 날리고 하늘에 띄워
곱게 곱게 단장된 갈잎의 엽서 한 장

아름다운 삶

오래토록 내리던 장맛비가 걷히고
모두의 마음이 하나이듯
상큼한 하루의 시작이 열린다

조잘대는 새들의 화음에 맞춰
귀염둥이들의 행차며
등굣길을 나서는 학생들이며
일터를 향한 아빠의 행렬들이

활기 넘치는 싱그러운 향기가 되어
집안 가득한 웃음꽃의 향연이다

삶의 행복이란
꽃 보다 아름다운
인성(人性)의 향기며
하고픈 일에 목숨을 거는 기이한 삶이다

벚꽃 길

화사한 봄 향 따라
꽃길을 걷던 그 아련한 추억들

예나 지금이나
불그스레한 얼굴을 내밀고
방긋방긋 방기시던 화려한 모습들

바람결에 꽃비 되어 흩날리는
네 모습이
어쩜 이리도 아려오는지

흐르는 강물처럼 사르려 해도
아직도 깨어나지 못한
애이불비(哀而不悲)*한 일상에
애잔한 그림자 가슴을 맴돌고 있다

* 애이불미 : 겉으로는 슬픔을 나타내지 않는 것

벚꽃

화사한 벚꽃 길에
꽃눈이 봄바람타고 휘날리고 있다

하얗도록 널브러진 꽃길
어이 밟을 수 있으랴
그 예쁜 미소의 화려함을

긴긴 겨울 동안
그토록 아름다운 웃음 활짝 머금고서
애타게 기다려온 너의 청춘들

시도 때도 없이
그리움 안고
하이얀 꽃눈 되어 흩날리는
황홀한 너의 세상
너의 모습이다

내 고향

모란이 피어나는 사월이면
그리워지는 사람이 있다

까마득한 시절
바닷길 따라 피어난
모란꽃 동산의 고모님 댁
화려하다 못해 붉게 물든
진홍빛 언덕이었지

썰물 때마다 밀려든
검붉은 꽃게들의 놀이터에는
뭇사람들의 놀이터이기도 하였지

밀려왔다 밀려가는 파도 음에 맞춰
할머니의 콧노래가 청춘을 살라먹고
꿈을 안고 살아가는
바닷가의 고향집

세월

병풍처럼 이어진 산촌 마을에
꽃가마 타고 시집가던 날

하늘도 무심코 바다도 무심하여
산허리 굽이굽이 낯설기만 했던 곳

귀먹고 눈멀어 벙어리 삼년고개
괴롭고 외로웠던 한 많은 시집살이

삶의 열정으로 지켜온 인생사
세월 따라 지워지는 희미한 흔적들

노을 빛 곱게 물든 석양녘에도
굽어진 허리 느릿한 발걸음 재촉하면서

아끼고 사랑하는 님 향한 마음에
순수한 맑은 영혼 꽃 바램 했었지

호수

산 그림자 끌어안고 휘감아 도는
저 유유자적의 독백들

거기엔 언제나 잠길 듯 날아든
새들의 그림자가 있고
은파(銀波)를 뚫고 솟구쳐 오른
물비늘의 생명들

잔잔한 햇살에 고요가 숨쉬는
한가로움이 정겨운 곳

내 생명의 순수가
굽이쳐 흐르는 물결을 따라
하얀 날개를 펴
훨훨 날고 싶다

홍시

외갓집 뒤뜰엔
거북등 닮은 줄기를 타고
가지마다 흐드러지게 핀
감꽃들이 떨어지면
목걸이 꿰어 달던 그 시절

따사로운 빛을 받아
주저리주저리 매달려
석양빛 보다 곱게 익어간 홍시들
가을밤이면 으레 넘겨받은
할머니의 사랑 이었다

을씨년스럽게 매달린 까치밥
오늘도 귀한 손님 찾아와
하늘에 계신 할머니의 사랑을
쪼아 먹고 있다

그 깊고 넓은 따스한 가슴
그토록 닮고 싶었던 표상(表象)이었다

백련 이야기

순결과 고귀함을 상징한 지조어린
연못 속의 수련들

청, 백, 황의 간결한 색
천리향으로만 풍겨오고
가까이 있으면서도 멀기만 한
그 우아한 자태

가슴이 뚫리고 몸이 뚫려
송글송글 멍이든 일생의 삶이지만

지조만은 굴하지 않은
절개어린 풍미의 몸으로 피어난
군자의 꽃이란다

바닷가 풍경

파릇한 갯바람이
파도를 몰고 와 바위를 치며 부서지는
저 화려한 포말들

어느 순간 일조의 썰물이 되어
갯벌에 이를 때면
어김없이 쏟아져 나온 조가비들

소라고둥 불어대는 아동들이며
갯벌을 헤집고 구슬땀 흘리시던
아낙네와 장난꾸러기들의
그 모습 그리워 찾아든 고향 이였건만

그 바다
그 모습
예나 같건만
을씨년스런 갯내음은
내 고향이 아닌 듯 낯설기만 하네

축복의 길

하늘의 뜻에 따른 자
언제나 밝은 세상 갖으리니

여명(黎明)의 시온을 향하는 자
평강의 늪으로 만족하리라

하늘의 계시(啓示)에 응하는 자
순박한 기도가 기쁨으로 오리니

영원하신 보좌 앞에
엎드린 순종
영혼의 등불 되어 빛으로 밝히리라

부활절

천지창조의 주인이신
당신의 고귀한 자비와 희생의 길

진리요 영혼의 힘이리니
보혈의 눈물로 말끔히 씻어

어둠에서 빛으로
죽음에서 생명으로
절망에서 소망으로
거듭나는 그 큰 사랑
우리 함께 하리니

놀라우신 주님의 사랑
빛이요
영광으로 내리오소서

큰 사랑

천지창조의 주인이신 이
언제나 내 곁을 동행 하시네

위로와 안심
용기와 기쁨으로
영성의 평화를 내리신
빛의 존재여

내 모든 허물 감싸 안고
보혈로 눈물 쏟으신
그 거룩한 님의 기억들

참으로 놀라우신
그 사랑
십자가의 사랑

제2부
청솔밭의 향기

아름다운 일상 / 태극기
무궁화 / 그리움(1)
그리움(2) / 어디에서
사랑 / 담쟁이 넝쿨
삶의 여정 / 가족
고백 / 청솔밭의 향기
아버지 가시던 길 / 무지개 동산
호반 / 들풀의 속삭임
선인장 / 운동장에서
나를 찾아서 / 생일잔치
그리운 님이시여

아름다운 일상

나는
당신의 뜰에 갓 피어난
한 송이 흰백합화

그 은은한 향기
매일처럼
당신께 올려 드리고픈
목마른 나의 영혼

오늘도
파릇한 향기로만 전해오는
당신의 음성

빛으로만 내리신
갸륵한 당신의 은총
삶의 기쁨으로
아름다운 일상입니다

태극기

만세를 우러러 펄럭이는
저 높은 기상의 나팔소리
그대 있어 하나 되고
그대 있어 행복해지는
우리들의 마음

문향으로 이루어진
굴곡진 사괘의 깃발
민족의 자긍
민족의 혼으로 펄럭이는
가슴 벅찬 찬란함이여

백두에서 한라를 이어
태평양을 건너 우주를 향할지니
평화의 등불 화려하게 밝혀
인류를 향해 평화를 향해
높이 높이 솟아라
끝없이 펄럭여라
대한의 상징이여

무궁화

하얀 연보랏빛 잎새에
찬란히 불어대는 목향의 꽃
운동장을 에워싸고 들어서서
밝은 미소로 생을 즐기고 있네

애환의 가슴 부여잡고
눈물도 많았을 터
끈기와 인내의 산실되어 지켜온
백의의 민족혼

세기를 넘고 우주를 건너
대한의 깃발로 활짝 피어난
나라의 꽃 민족의 얼굴이여

만세를 우러러 피고 지는
민족의 얼(魂)
영원토록 풍요롭게 꽃피워라

그리움(1)

세월이 남기고 간 흔적들에
다정하다는 말보다
그리움으로 자리한 어머니란 이름

하늘보다 높고 바다보다 깊은
천지 만물의 영장처럼
위대하신 어머님

고난과 역경 속에도
서릿발 내린 잔주름 감추어 오신
모정의 세월들

어찌 세우셨는지
이제야 알 것 같은
눈물어린 멀고도 먼 추억들

뒤늦게 울부짖으며 불러 보고픈
어머니
어머니

그리움(2)

화사한 미소가 꽃길 따라
무등 타고 걸을 때면

어김없이 찾아드는
연분홍 꽃 송아리 마음들이
허허롭게 피워난다

일생을 함께하자던
굳은 맹세의 그림자는
떠난 지 이미 오랜 세월

그 아련한 꽃길 따라 피어나는
그리움 한 조각
소롯한 향기로 눈시울이 맺힌다

어디에서

길고도 짧은 삶의 여정
내 어이 그걸 몰랐을까

붉게 물든 노을 속에
하얀 그리움 안고 들어선
그대의 모습
가슴앓이 눈물이 폭포수로 흐르는데

어디에서도 볼 수 없는
당신의 모습
먼 하늘 흰 구름 따라 나서면
내 영혼 그대 만날 수 있으려나

사무친 그리움에
소중한 추억들
이 밤도 아련한 꿈이 되어
텅 빈 가슴에 슬픔만 젖어드네요

사랑

사랑이란
가슴의 바람에 흔들리다
한 송이 꽃으로 피어나는 붉은 장미

사랑은
연둣빛 들판을 꿈꾸며
그대와 나의 가슴에
그리움의 향기를 피어내는 것

사랑, 그건
무지개로 피었다
아쉬운 멜로디를 남긴 채
내 영혼을 흔들어 깨워주는 설레임

담쟁이 넝쿨

나무도 아닌 것이
꽃도 아닌 것이
두 팔 벌려 담쟁이 타고 기어오르는
기이한 생의 찬미

혼자서는 설 수도 누울 수도 없는
누군가의 손을 잡고
등을 기대야만 하는 삶

줄기 타고 올라올라 창문도 열어보고
방안도 드려다 보는
아니, 여름의 장식으로만
생을 마감한 화려한 잎들

신뢰와 의지가 만든
화합과 협동의 생을 살아간
황홀한 여정의 일생

인간은 무얼 보고 무얼 느끼며 살아갈까

삶의 여정

청초한 하늘 아래
뭉게구름 살랑이는 계절이 오면
갖가지 사연 엮어 바람타고 오시는
님이시여

우연인지 필연인지 알 수 없으나
배려와 관심으로 포근히 맞아주신
그 따스한 사랑들

세월 속에 묻혀 져 가는
그 소중한 추억들
즐거움이고 애잔함으로 밀려온
연민의 사랑 이야기

삶이란
고운 정 미운 정 엮어가는
해바라기 인생인 것을

가족

가족이란
생명의 피와
깊은 정으로만 자란
숙명의 존재

피었다 지는 희로애락과
가뭄 속의 단비처럼
영원한 믿음과 배려와
사랑의 결정체이다

거기엔 언제나
네 것 내 것이 없는
정과 사랑만이 존재한
무한 리필의 텃밭이고

생각과 말과 행동이
오직 하나 일수밖에 없는
뜨거운 혈육의 존재란다

고백

철부지 시절의 자만과 자의가
예쁨만을 취하더니
청춘이란 이름 아래
꿈과 낭만에 젖어
현실 보다는 이상(理想)에 눈멀고

극한에 달한 인생길에선
두려움도 좌절도
고난의 역겨움도 떨쳐 버린 채
열정(熱情)의 세월 보냈건만

뒤돌아 본 삶의 뒤안길에 선
무지(無知)와 무위(無違)의 영혼으로만 살았음에
회개케 하는 구원을
주문(呪文)처럼 외우고 있는 자신을 본다

청솔밭의 향기

어릴 적 뒤뜰엔
천리를 스쳐 흐른다는 향기의 단지가
군락을 이루던 곳

고즈넉이 자리한
마당 끝 언저리에 화사하게 피어난
티 없이 밝은 웃음들

천년 달빛은 잊으려져도
한결같은 그 빛, 그 향기는
사철 푸름으로 번지는 청솔밭 향기

백세시대를 살아간다는
우리들의 삶 역시
몸도 마음도 다 내려놓고
감사와 겸손의 덕향(德香) 살펴가며
영혼의 순수를 꽃피워
그 향 그대로 가꾸어 가리라

아버지 가시던 길

묵직한 성품
옳 곧음에 선을 세워
그리도 다정하신 던 님

묵언(默言)으로만 키우시던
칠남매 병아리들

세월로 이겨나간
가슴앓인 사연 속에도
흔들림 없는 고귀한 사랑 이야기

깊숙이 새겨진 소중한 흔적들
가시던 걸음걸음 마다
내 마음의 신(神)이셨네

무지개 동산

세월의 무상함이
시공(時空)을 넘나들며
조용한 가슴에 파문을 일으킬 때 마다

잔잔히 스며드는 애잔한 그리움들
생각한들 보일 일 없건만
기쁨으로 가득한 눈물
가슴만 젖고 있다

꿈속으로 나타난
그대의 충만한 위로와 사랑들
곱게 곱게 물들어
언약의 무지개 동산 만들어 놓고

보일 듯 말 듯 한 그리움 하나
애써 숨기려는 이 가슴의 전율을
거두시려는지

호반

산 그림자 품고 있는
넓은 호반엔
어머니의 가슴이 드리워져 있다

물비늘 헤집는
오리들의 행렬은
어미 따라 활보하는
저 황홀한 삶들

수많은 애환을 삭히고 나누는
정겨운 삶의 터전
잔주름 일렁이는 물이랑에도
내 마음 씻기운 꽃비가 내린다

오순도순 다독이며 어울리는
한나절의 풍광이다

들풀의 속삭임

산들 바람에 잠을 깨워
햇살로 익어가는
여리고 여린 생명들

사철 푸르름에 목을 매어
눈 비 맞아가며
바람의 세례로 생을 이어가는

숱한 생명들의 먹이가 되고
삶터가 되어준
연약하지만 질기고 질긴 일생

생을 바쳐 이룬 평화로운 초원에서
자유와 자유를 마음껏 누리는
저 여유로운 삶의 표상들

선인장

햇볕 따가운 열대에 발을 묻고 사는
두툼한 입술
창백한 얼굴에 윤기가 싱그러운 게
아마도, 어제 밤에 소나기가 스쳐갔나보다

척박한 환경 메마른 땅에
숨마저 멈춰버릴진데
백년을 살아야 환희의 꽃을 피운다는
너는 백년초란 이름의 알로에

지상에는 산소를 뿜어낸 정화식물로
생명체에는 치료제와 건강 식물로
자리매김한 삶의 철학

인간들은
지상의 축복이란
너의 생을 알고나 있을런지

운동장에서

까마득한 옛날
쪽빛 산 넘어 엔 뭉게구름 따라
피어오른 가느다란 연기들

운동장에서는
비지땀 흥건히 젖던
공놀이며 뜀박질이 한창 이었고

운동회에서는
호루라기에 맞춰 달리기도 하고
어기영차 줄다리기 하던 단발머리 시절

강물처럼 흘러간 반세기의 추억들이
이제는 허리 다리 휘어져
뒤뚱거리는 몸을 부여잡고
엇박자 인생길 걷고만 있다

나를 찾아서

일상의 삶 속에
저물어가는 아쉬움들 뒤로 한 채
묵상의 길을 걷고 싶다

밝음과 어두움
깨우침과 나태한 생각들
언약의 자녀 되어 섬기고픈
내 영혼의 님이시여

가고픈 길 낯설지 않게
뜻하는 곳 머물지 않게
겸손의 손 내밀어
하늘 향하게 하시오소서

생일잔치

바람에 달 가고
구름에도 달이 가는 것처럼
푸르름이 짙게 물든 햇살에
망초꽃 들장미 방실방실 미소 지며 손짓한다

고추잠자리 나풀나풀
개울을 돌아 논두렁에 이룰 때면
황새들의 부리엔 민물고기가 걸려있던 날

호젓한 공원에 모여 앉은 친구들
여든 앞둔 생일날
축하 꽃다발이 생그럽다

함께하자며 달려든 장미꽃 동산엔
접시꽃, 채송화, 백일홍
질세라 달려든 참새들의 축가가
싱그럽기만 하다

그리운 님이시여

필연으로 만난 가슴이
레이저의 눈빛에
그만 무너지던 순간

일생을 함께 했건만
바람처럼 날아올라
그 먼 곳에 계시오니

그립다 한들 그리워 질 수 없고
잊으려 할수록 더 명료해지는
가슴앓이의 인생 길

까마득한 그 다정한 웃음
가슴에 새겨진 흔적들이
주마등으로 설레이는 아련한 그리움

제3부
아름다운 향기

삶의 길목에서 / 님의 목소리
가신 님 / 어머니
모정의 마음 / 봄을 기다리며
노을 진 용유도 / 부겐베리아의 꿈
눈(雪) / 아름다운 향기
살아가는 것 / 기도
빗속에 젖은 그리움 / 아름다운 날
귀뚜라미 / 숲길에서
난 / 기쁨의 날
사랑하는 마음 / 성령의 바람
보름달 / 시를 기다리며
오솔길

삶의 길목에서

팔십 세 번째 계단에 서서
깊은 심호흡 가다듬어 본다

지나 온 세월이 저 아래 있고
가야 할 세월은 가파르기만 한데

구름은 나를 에워싸고
햇살은 나를 보듬어 일으킨다

어찌 살아 온 길인지
들숨 날숨 깊어만 간다

해맑던 화사한 미소와
버거웠던 삶의 무게는
흔적으로만 남아있다

이젠,
넌짓 한 손길 길게 펼쳐
맑고 따뜻한 눈물 풋풋한 사랑 품고서
내 영혼 바람 되어 하늘 문 향 할 때
작은 사랑 행복한 미소 짓고 꿈길 가려한다

님의 목소리
― 깨우침

여명(黎明) 앞에 무릎 꿇고
회개케 하는 영혼의 목소리

그 진리와 깨우침의 구원을 일깨우신
그 인자하심
산이요
바다요
하늘 이십니다

사랑과 진실
믿음과 순종
은혜와 봉사를 깨우쳐 주신

나의 님
나의 영광
나의 신(神)이시여

가신 님

사철 푸르른 마음으로
언제나 따사로운 미소
정겨운 행복이었건만

내 님 가시는 길
하늘이 무너지고
땅이 꺼졌었지요

믿음
소망
사랑으로 감싸시며
희생과 은혜의 빛으로 만 내리시던

그 고귀한 모습 닮고자 몸부림치던
그 찬란한 삶
잊을 수 없는 그리움이다

어머니

날 낳아 키우시던
그 깊은 정 따스한 이름
어머니

사랑으로 꽃 피워진
온갖 정성들
기다림에 지친 소망 가슴에 안고
참되라 바라시던 그 아릿한 마음들
내 귀엔 싱그러운데

아직도,
그 마음 헤아리지 못한
내 허물의 수줍은 발자국들
용서의 기도를 드립니다

먼 곳에 계시는 님이시여
깊고도 넓은 사랑으로
애닲다 그리움 안고서 다시 오소서

모정의 마음

주고도
주고도 모자라
더 채우시던 님

돌아보지 말고 어서 가라며
길 떠난 자식 손 놓으시고
뒤돌아서 눈물 보이시던 어머니

뙤약볕에 젖은 온갖 시름
등잔불에 그을린 길쌈들
가슴앓이 멍든 세월에
칠남매의 그늘이었던 듬직한 고목(古木)

이 밤도
잔잔한 물결로 소리 없이 스며드는
그리운 어머니
그대가 되어 살아가고픈 애잔함이여

봄을 기다리며

연둣빛 새순이 고개 내밀면
그대 향한 설레임으로
기다림 했었지

수줍은 미소에 마음 꽃담아
그대 향한 그리움으로
피워 물었지

꽃망울 터뜨린 진달래 동산에
그대 향한 사랑 꽃
무르익을 때면

한줌의 햇살
산뜻한 바람에
봄 향기 피우면서
기다림 했었지

노을 진 용유도

바닷가 모래톱을 거닐며
사색의 진리를 깨닫는 순간

끝없이 펼쳐진 수평선 위로
바다는 하늘을 이고
산을 껴안고
아픔과 삶의 무게를 껴안고
인고의 노래를 빛으로 뿌리고 있다

아스 무래한 진홍빛 노을은
긴 세월의 슬픔과 기쁨이 동행하듯
지친 걸음마다 다정한 이웃되어
열정과 용기로 도전케 하는
새 삶의 터전이다

아, 빛의 영광이
섬광처럼 반짝이는
섬 마을의 풍경이다

부겐베리아의 꿈

불쑥불쑥 찾아든 애틋한 얼굴들
꽃이 되고 달이 되고 별이 되어
내 가슴에 안기던 봉오리 봉오리들

네가
그리 보고파 싶었던
부겐베리아
앙증스런 강빈*이
애교 넘친 신혜*의 얼굴로
곱게 곱게 피웠다가
예쁘게도 지는구나

이 계절이 가고나면
또 다시 새롭게 활짝 웃어줄
너희들을 기다림 하련다

* 강빈, 신혜는 손자와 손녀

눈(雪)

휘날리는 정절(挺節)의 바람에도
어김없이 찾아온
귀하디귀한 손님

나무면 어떻고 대지면 어떠하랴
내 몸 내려 앉아
추함을 덮는다면
이 생명 천상인 것을

밤 세워 달려온 길
숨 가쁘게 내려 앉아
이승도 천상도 설원(雪原)으로 꽃 핀다면

내 마음도 네 마음도
영혼의 울림 되어
순백의 청초함이 세상을 밝히겠지

아름다운 향기

창밖엔
밝은 햇살 머금은 연초록 잎 새들
한 잎 두 잎 피어난
방실이의 미소가 곱기도 하다

세월 따라 피고 지는
꽃 진 자리에
싱그럽게 영글어 간 사랑의 열매들
붉게 물들어 가고

웃음으로 엮여진 기쁨의 향(香)은
바람의 여운 따라
가슴에 안겨드는 행복담긴 밀어(密語)
아름다움의 극치다

살아가는 것

한적한 들녘의
푸르른 언덕에서
운명 같은 만남이 있었다

부드러운 눈길의 짙은 눈썹에
낯설지 않은 눈 맞춤으로
필연이란 맺음의 길이 열렸다

무심이 유심되고
유심이 무심이 된 반백년의 생애(生涯)
침묵이 금이듯
참을 인(忍) 가슴에 새겨놓고 살아온 삶

한 많은 세월 속에 자란
묵은 사랑, 측은 사랑
햇볕에 말려가며
화사한 웃음으로 정주고 마음 주며
한 생을 살아간다

기도

창조 주 님이시여
그대가 만드신 삼라만상의
우주의 신비함들

그 속을 노닐 던
미천한 인간들의 생각들을

당신의 의지와 뜻에 합당한
순종의 미를 닮게 하소서

기쁨도 슬픔도
노여움도 칭찬도
미움과 방황의 길도 함께 껴안아
사랑의 늪을 이루게 하소서

감사와 배려와 용서의 장을
하나로 일으켜 세워
넘지 못한 성이 없도록
지혜와 용기로 힘을 주시여
당신의 뜻 이루어지게 하소서
당신의 뜻 온누리에 펼치게 하소서

빗속에 젖은 그리움

추적추적 내리던 비가
가랑비에 젖 듯 음산하드니
폭풍우 몰아치듯 소나기로 내린다

창밖을 스치는 바람은
푸르름을 흔들어 깨우듯
잠들었던 그리움을 일으켜 세운다

손꼽놀이 같던 지난 세월
보고 싶다
그립다는 말
가슴에 맺힌 아롱들이 열매들

이젠 보내야 할
영혼의 세계이련만
마음 따로 몸 따로
빗속을 거닐은 명상의 하루

아름다운 날

변화무상한 삶 속에
흔들림의 가슴앓이가
가끔은 요동을 친다

큰 잘 못을 용서할 때도
작은 잘 못도 허용되지 않을 때도
인간의 마음이란 그런 것인가

청푸른 하늘에
두둥실 떠가는 구름처럼
유유자적 흐르던 강물처럼

고요만을 숨쉬는
폭넓은 아량의 꽃으로
내 삶을 키워가고 싶은 일상의 날

귀뚜라미

어스름 골목길에
갈바람 스칠 때면
어김없이 찾아드는 손님

풀섶을 지나 담벼락에도
마루 밑을 지나 창가에서도
뚜르르 뚜르르 밤길이 깊어만 가던 곳

슬픔인지 외로움인지
내 마음 달래주는
은은한 세레나데

내 영혼의 안식이 되어준
그 시절의 고운 화음
이 밤도 귀 기울어지는
그 애달픈 소리

숲길에서

청 푸른 숲길엔
파릇파릇한 젊음들이
온 종일 오케스트라의 연주가
사르르 사르르 맴 맴 맴 정겹기도 하다

긴 긴 세월
묵상의 잠을 깨워
화려한 군무로 날아든 장엄한 청춘들

순간의 일 초가 그리도 아까워
짝 찾아 헤매 도는
저 가련한 숨 가쁜 울림들

무심결에 지나친
한 맺힌 애닲은 사연들은
하늘도 매정한 자연의 섭리란다

난

파릇한 잎 새
우뚝 솟은 꽃대에
빛과 그늘로 살며시 드리운
그윽한 향(香) 내음

수줍은 듯 청순함으로
곱게 곱게 피어난 하얀 생명

절개와 의지의 상징으로만
곧게 살아온 넌

언제나 홀로인
고고함의 선비이구나

기쁨의 날

푸른른 청춘의 꿈을 가슴에 안고
여리디 여린 어깨춤에
휘어질 듯 나약한 허리를 흔들며

학교에서 학원으로
집에서 도서관으로 독서실로
동분서주하던 네 모습들

밤을 낮 삼던
너의 기개(氣槪)의 힘이
오늘의 기쁨을 주는 구나

자랑스러운 나의 손녀야
그 푸르른 꿈
더 높이 더 넓게 펼쳐
지상의 영예(榮譽) 마음껏 누리거라

사랑하는 마음

내게
사랑하는 마음 있어도
사랑한다는 말 대신
영혼의 순수를 노래하렵니다

내게
모가 난 못난 마음 있어도
모가 난다는 말 대신
평화로운 초원의 표상으로 기다리겠습니다

내게
외롭고 슬픈 마음 있어도
외롭고 슬프다는 말 대신
푸른 하늘 하얀 구름 되어 바람결로 날으렵니다

사랑한다는 마음 안고
미워하는 마음 달래며
외로움에 지친 눈물 감추렵니다

성령의 바람

호젓한 언덕 위에
곱게 차려입은 느티나무 할배
스치는 바람결에 흔들리는 잎새들
축복의 찬미가 싱그럽기만 하다

성령으로 다가와 구비치는 마음들
간절한 기도 속에 나타난
순수와 순종으로

연약한 자에게 회복과 치유를 베푸신
주의 은혜로운 성령이다

보름달

달기둥 내리쬐든
바닷가 언덕에는
악동들의 지불 놀이가 한창이던 시절

한 해의 가을걷이가
아낙들의 가슴을 울렁이게 하는
초로(焦勞)의 떨림으로 흔들리는 심정들

애써 남모른 채
둥근 달빛에 젖어 기대이는
저 가슴앓이의 댕기머리 처녀들

누굴 위한 그리움 안고
저리도 바쁜 하루의 일상일까
달빛만이 알 수 있는
대 명절의 한가위

시를 기다리며

꿈길을 헤매다
만난 그대

지우고 그리며
낙서 같은 글을 쓰다
헤집고 돌아 선
흔적 없는 그리움이여

생각과 사유의 집념에서
밤샘으로 얼룩진
사연들 뒤로 한 채

꽃길만 걷고 있는
시(詩)의 운율들
가슴앓이 되어 날고만 있네

오솔길

갈바람 일어 우는 계절이 오면
을씨년스런 숲길엔
새 소리마저 구슬프다

향 짙은
머나 먼 추억들
가슴에 알알이 밝혀오는데

함께 했던 그 님은
말 한마디 남김없이
그 먼 길 떠났으니

내 마음 갈 곳 잃은 숲길 되어
빈 하늘만 바라보는구려

하오나,
어찌하오리까
이승의 오솔길 찾아 맴돌며
그대 곁에 머물려 함을

제4부
행복한 일상

고향 집 / 설날
행복한 일상 / 가을 하늘
민들레 / 가을 길
나팔꽃 / 토끼풀
친구 / 구절초
요양원의 하루 / 언어의 생태
벗이여 / 해바라기 동산엔
찔레꽃(1) / 찔레꽃(2)
팔영산 / 망령의 공간
감사의 기도 / 길
코스모스 길

고향 집

싱그러운 바람에 친구와 함께 나물케고
진달래 미소 따라
가슴 설레던 남쪽 바다

연초록 짙게 물든 여름날에는
발가벗고 멱 감던 개울가의 추억들이며
스르르 스르르 울어대는 매미들의 합창에
날 가는 줄 몰랐던 곳

코스모스 꽃길 따라
뛰놀던 그 어린 시절
붉게 익어간 감나무 밑의 추억어린 사연들
내 깊은 곳 그리움 한아름 숨이 가팠네

나목(裸木)에 눈꽃이 피어
순백의 세상이 되면
크리스마스 찬양을 위한 함박웃음으로
새벽길을 걷던 하얀 눈길의 추억어린
고향집

설날

색동옷 도련님에
연분홍 꼬마아씨의
댕기머리가 춤을 추던 날

나뭇가지에 걸터앉은
까치의 새아침 인사가
초롱이 빛 날 지음

"새해 복 많이 받으세요" 하는
반짝이는 눈빛의 복주머니에는
할아버지의 세뱃돈이 쏟아져들어 온다

오순도순 왁자지껄
지난해가 무색토록
웃음꽃 피어나는 새해의 아침

행복한 일상

눈을 뜨면
향기로운 숲속의 짙푸른 나무와
조잘대는 새들의 날갯짓
소담스런 미소로 활짝 가슴 열어 주는
꽃들의 잔치가 아침을 연다

멍멍 꼬리의 재롱이며
손주와 함께 놀아준 앙증맞은 인형에
조용히 울러 퍼진 아리아의 선율이
하루의 행복으로 달려온다

그뿐이랴
거울에 비친 내 모습
내 얼굴이
보름달 되어 환하게 비춰옴이
내 삶인가 하여
너무도 큰 행복의 일상이다

가을 하늘

빛 고운 산천에
강바람 일어서니
천상의 무릉도원 어디매인가

자연의 섭리 따라
열리어진 인생사
믿음이 복음이며
사랑과 은혜가 천국인 것을

버리고 키워가는
폭넓은 지혜와 믿음
높푸른 가을 하늘이 그것인가 하네

민들레

상큼한 바람결에
들이며 길가를 수놓은 향긋한 미소

외롭고 쓸쓸함도 뒤로한 채
언제나 밝은 얼굴 노란제 꽃이 되어
반기시던 호젓한 삶

피고 지는 꽃씨 되어
바람타고 날 다가 뿌리 내려 생(生)을 맡는
가냘픈 여생(餘生)이여

개울가 면 어떠하고
비탈진 언덕이면 어떠하리
이 몸 화려한 미소로
생을 받혀 기쁨 준다면 그만인 것을

가을 길

한적한 호수를
그대 손 맞잡고
갈대밭 길 걷는다

드높은 하늘에
깊어만 져가는 따스한 마음들
느티나무 그늘에 핀 화려한 인생

무언(無言)의 눈짓에
주름진 웃음 일지라도
언제나 하나이고 싶은 두 마음

고난의 세월 언제였는지
곱게 곱게 물들어간 낙엽사랑 이였네

나팔꽃

산들바람 부는 계절이면
담장이며 줄기를 타고 오르는
줄기식물의 원조

고향집 담장이며
도심의 정원에도
해마다 피어나는 연약한 꽃 바라지

햇살 머금고 뻗어가는
둥근 손 연분홍 입술의
웃음 가득한 나팔소리의 여운들

벌 나비 날아드는
고향의 향기며
그리운 옛 친구의 모습이다

토끼풀

동구 밖 십리길 돌아
등하교하던 어린 시절
저수지 뚝방 길엔
토끼풀도 많았었지

가냘픈 외줄기에 피어난 꽃 송아리
행운 찾아 헤매던 네 잎 클로버
"너는 신랑 나는 각시"
꽃반지에 꽃시계 팔에 걸고
다이아 보다 아름다운 꽃목걸이 걸었지

저녁놀 저물 때면
화들짝 놀란 망아지 되어
굴뚝의 연기 따라 향하던
내 고향 들녘

친구

세월이 녹음되어 짙어질수록
여유의 폭이 넓어지고
사색의 깊이가 깊어져간다

지나간 세월 한줌 내려놓고
허허로운 가슴 풀어 안고
젊은 날의 청춘 뒤돌아보며
마주보는 웃음들이
정답기만 하다

내일의 약속 기약하며
아쉬움 뒤로 한 채
손잡고 흔들어 깨우는
우리들의 진한 우정
눈시울이 뜨거워진다

구절초

맑은 산등성에는
하얗게 피어 오른 수줍은 미소들

청순한 들국화의 꿈처럼 피어오른
옛 추억의 그리운 기상들

줄기며 잎 새는
어머님의 아픈가슴 달래주던 구절초의 고(膏)
지고지순한 성녀(聖女)의 사랑 이였네

한 잎 두 잎 따 담은
베개 속의 마른 꽃잎은
사랑의 향기 두근대는 설레임이었네

요양원의 하루

씨앗으로 싹틔운 떡잎
무성히 자라 꽃피워 열매 맺더니
빨갛게 익어간 환희의 생명들

화려한 삶의 황홀한 여정
건너 건너 오늘에 이르니
산수(山水) 좋은 뜰에 앉아
시간을 낚고 있는 황혼의 인생들

몸 따로 생각 따로
마음도 내 것이 아니니
기다려지는 것은 오직 하나

내 사랑
내 피붙이들의 생각뿐

언어의 생태

소통의 수단인 언어에
예쁨도 가식도 지저분한 욕설까지
말은 말이되 말 같이 않은 말들

배움의 진리가 허상이었을까
물려받은 재산이 허거워서일까
듣는 자도 하는 자도 의식이 없는 말들

고울수록 아름답고
닦을수록 정감 있는 우리들의 언어에
가시 돋친 막가는 언어의 폭력들

옳고 그름의 진리 앞에
깨우쳐 일으켜 세우는
자랑스런 우리 말 우리들의 행동

벗이여

함박꽃 보다
더 해맑던 밝은 미소
천사란 이름으로만 살아온
벗이여

어쩌자고 말 한 마디 남김없이
그 무거운 짐 내려놓고
홀로이 그 먼 길 훨훨 날아갔다 더냐

우리들의 약속도 잊은 채
함박꽃에 담긴 울음 꽃 한아름 남겨두고

먼 하늘 바라보며
네 이름 불러본다
이제 그리움으로 남는 벗이여

다시 만날 그날을 위하여

해바라기 동산엔

색색이 피어난 해맑은 웃음꽃
아기 태양 닮은 해바라기가
지천(池川)에 널려 웃고 있다

펜데믹에 걸린 인간들 위로 하고자
정성껏 모은 귀한 손길들
꽃말은 희망 행운 이란다

햇님 따라 피고 지는 얼굴들
그 속엔 분탕질된
벌 나비들의 섭리

하얀 수국, 무늬수호초,
로벨리아 흰 꼬리 풀들
덩달아 춤을 추며 싱글벙글 미소 짓는
이웃사랑
가족사랑 이다

찔레꽃(1)

여리디 여린 소박한 미소로 태어나
순백의 절개로 피어난 너는
하늘의 빛인 듯 고고하기만 했었지

들에도 담쟁이에도
허식(虛飾)을 거부한 자생력
네 한 몸 지키려는 가시 옷 입고

뭇시선 바라기한 너의 기개(氣槪)
청순함 간직한 채
백의(白衣)로만 피어난 네 모습

있는 듯 없는 듯
고요의 숲길 따라
화려한 미소로 꽃춤을 추어라

찔레꽃(2)

함박웃음 먹음은
하얀 찔레꽃

여린 가슴 풀어헤친
순백의 고고한 정열로
제 몸 지키려 가시 옷 입고 다가선
너는 이차돈의 피가 되어 돌아 왔었지

하늘이 그렇고
땅이 그렇듯이
해맑은 잎으로만 살고픈
내 생의 찬미

고요의 숲 속에
아니, 아름다운 정원에
널브러진 뜰에서라
조용히 살고픈 가시 돋친 꽃

팔영산

남녘의 끝자락에
우뚝 서 있는 팔영산

물항아리에 비친
팔봉의 향에 취해 찾아 나선
위왕*의 지혜로운 발견

울울창창한 편백나무 숲에
음양오행이 어우러졌다는
자연과 상생하는 공간

높고 낮음의
무상한 산세를 자랑하는
내 고향 팔영산

* 위왕 : 중국 제나라의 왕

망령의 공간

여기인가 저기인가 찾아 나선
삶의 공간에
숨바꼭질하는 교통카드

책상이며 핸드백 속을 찾다
현관을 더듬다
냉장고 앞에서 우두커니 서 있다

집나간 총기는 어디 갔을까 서성이다
빨래 주머니에서 또르륵 내려앉은
황금카드

치매일까
망령일까
늙음의 표상일까
가슴이 설렁하다

감사의 기도

구원 받는자
주의 은혜로 태어난 자녀 됨이며

나를 향한
주의 계획과
뜻으로 이루고자하는 성령의 마음이다

거기엔
언제나
주와 동행한 평강이 있기 때문

내가 드릴 수 있는 기도는
오로지 묵상이요
영혼을 깨우치는
감사의 기도뿐

길

플라타너스 향에 취해
당신과 마주 걷던 호젓한
동구 밖 길

나란히 흥얼대던 옛가락 속에
한 발 두 발 콧노래가
흥겹기만 했었지요

허나, 오늘은
을씨년스런 바람 따라
홀로이 터벅이는 걸음걸이들

붉게 타는 저녁노을이
국화향에 밀려가듯
당신이 그리움을 어찌하리요

코스모스 길

멀고 먼 고향 마을엔
들에도 길가 언저리에 피고 지는
곱디고운 순결함이 있었지

쪽빛 하늘에 삿대도 없이 유유히 흐르던
해맑은 솜털 구름들
그 속을 노닐던 고추잠자리들의 배회가
쏘나타의 음률되어 하늘을 날고 있다

햇살 먹음은 갈바람이
너울 너울 춤을 추며 반기던
저 코스모스들의 유회가
새색시의 금침처럼 아름다울 수가

쌍을 이루어 거닐던
섬섬옥수의 찬란한 환희들
낭만이 익어가는 청춘의 거리며
갈바람으로 흔들리는 코스모스 길

제5부
수필 / 추억의 꽃들

아버지의 눈물 / 봄나들이
추석맞이 / 추모 예배

아버지의 눈물

호랑이 담배 피우던 시절의 이야기다. 세월이 유수라더니 벌써 80여 년 전의 기억조차 가무란 일제 강점기의 시간으로 되돌아가야하는 때의 이야기다.

조선조 말기인 1909년에 일본군의 침략으로 조선반도가 왜구에게 함락되어 참혹했던 일제 36년의 암흑기의 시절이었다. 그러던 1940년 어느 날 갑자기 일본 경찰에게 붙잡힌 아버님은 징용이란 허울 좋은 이름으로 일본의 탄광에 끌려가셨다. 그 후 가족들은 아버지의 생사도 모른 채 허구한 날을 눈물로 살았다.

어머님은 환한 달빛이 비치이던 초저녁이면 등에 업힌 나에게 하늘을 쳐다보라며 저 별은 네별, 이별은 엄마별 그 옆의 큰 별은 아빠별이라고 손짓을 하시며 '아빠' 하고 큰소리로 불러보라 하셨다. 우리가 저 달을 볼 때마다 아빠도 저 달을 치켜 보며 우리 생각을 하실거라 하셨다.

그 후 나는 밤이면 달을 쳐다보며 아버지를 부르던 습관이 생겼다. 이렇게 자라난 1945년 내 나이 6살 때 미군의 개입으로 일본의 히로시마에 원자폭탄을 투하함으로서 일본군이 항복을 하였다. 그토록 참혹하고 지루한 전쟁이 끝이나 조선의 독립을 세계만방에 알렸던 것이다.

그때야 비로소 아버지는 나가사키에서 죽음을 피하셨고

어렵사리 살아오셔 시골마을에서 지내시다 귀국하여 고향엘 돌아 오셨다. 아버지는 6남매 중 둘째 아들이셨다. 형은 공부를 하셨고 아버지는 농사와 집안일 거두시며 대가족을 거느리셨다. 아버지는 워낙 부지런하고 호탕한 성격에 마을사람들의 총애를 한 몸에 받고 계셨다.

그러면서도 자식들의 교육에 관해서만은 너무도 엄하셔 무서운 존재로만 남아있었다. 한때는 아버지란 존재는 내 친 아빠가 아닌 줄만 알았다.

뿐만 아니라 큰딸인 나에 대한 기대와 자랑이었던 만큼 더 무서운 교육을 시켰던 것이었다. 그 시대엔 누구나 할 것 없이 너무도 가난하여 먹고 살길이 험난한 시기였기에 딸자식은 동생들 돌보며 김쌈하고 밭 메고 농사일 열심히 배워야 시집가서 잘 살아갈 수 있다는 생각이셨던 것이다.

그러나 나는 밤이면 등잔불빛을 감추려고 창문에 이부자리로 가리고 상급학교 입학시험 준비를 했던 욕심쟁이였던 것이다.

어느덧 세월 지나 어린나이로 결혼식을 치루고 가마타고 시집가던 날, 아버님은 말없이 눈시울을 적시시며 뒤돌아 눈물을 삼키시는 모습을 보았다. 순간 나도 모르게 폭포수 같은 눈물이 강을 이루듯 쏟아져 어머님을 붙들고 엉엉 울었던 기억이 새롭다.

고마우신 부모님!

세월 지나 철이 들고 결혼하여 친정을 떠나서야 비로소

아버님의 모습은 그토록 인자하고 너그러우시며 따뜻하고 온화한 성품이셨다는 것을 느낄 수 있었다. 남달리 자식들에 대한 그 지극한 사랑을 알아차리지 못한 나 자신의 좁은 소견에 후회도 많이 하였던 기억이 새롭다.

　오늘따라 부모님의 추도식에 성묘마저 다녀오지 못한 자식의 한이 가슴을 멍들게 한다.

봄나들이

　담 넘어 노오란 개나리가 화들짝 미소 짓는 아침이다. 오늘은 남편과 함께 해맑은 하늘을 바라보며 청권사 쉼터를 향해 걷기운동을 하기로 약속이 되어 있었다.
　활짝 피어오른 산수유, 화사한 진달래꽃, 곧게 자란 상수리나무, 벚나무, 리끼다 소나무, 등이 기지개를 펴며 엷은 잎들을 피어오르고 있었다. 겨울 내내 낙엽을 덮고 자란 이름 모른 새순들이 뽀얀 연둣빛의 미소로 솟아오르고 있었다. 그런가하면 나뭇가지를 휘잡고 도는 산새들의 노래 소리며 까치둥지에서 어린 새끼들이 젖 달라며 지지베베를 연발하는 모습이 참으로 경이롭기만 하다.
　자연의 신비함을 느끼며 함께 걷던 남편을 향해 수다를 떨어 보지만 오늘 따라 말수가 없는 조용한 표정에서 궁금함이 느껴져 말문을 열어 보지만 별거 아니야 라며 엷은 미소를 지어주는 남편의 모습에서 다소의 안도감을 느껴본다.
　언제나처럼 다정다감했던 모습으로 밝게만 웃어주었던 그 옛날의 추억들이 새롭기만 하다. 오늘은 그이를 위하여 무언가 기쁨과 즐거움을 줄 수 있는 이벤트를 만들어 보고자 생각하며 콧노래를 흥얼거리고 있었다.
　그때였다. 지나가던 등산객이 가까이 오더니 인사대신 웃으시며 "어쩜 이렇게 행복하세요!" "서리풀 공원에서 가장 행복한 부부시네요" 하면서 칭찬을 아끼지 않으시고 지나가신다. 참으로 고맙고 기쁜 선물이었다.

그래 맞아, 행복이란 사랑하는 사람과의 깊은 대화며 웃음이다는 사실을 망각하고 살았던 것 같다.

'아침에 웃으면 건강을 부르고 점심때 웃으면 화목을 이루고 저녁때 웃으면 피로를 없애준다고 했었지!'

오늘은 그간 불러보지 못한 나만의 애교로 그이의 마음을 사로잡아 사랑놀이에 흠뻑 젖어보련다.

추석맞이

　추석은 설, 한식, 단오와 함께 우리나라 고유의 4대 명절 중에 하나이다. 계절상으로도 년 중 가장 좋은 절기에 속하여 봄여름의 고단한 시기를 지나 오곡백과가 무르익어 추수의 시기를 맞는 가을이기에 더욱 그렇다. 덥지도 춥지도 않는 황금빛 들판에 붉게 익어가는 과열이며 울긋불긋 새 단장으로 꾸며 입은 나무들의 황홀한 바람의 물결들이 참으로 아름다운 계절이다.
　이 화려한 계절을 맞는 중국, 일본, 베트남에서도 추석을 한가위, 가배, 중추절이라 하여 각 나라마다 뜻있는 명절을 지내고 있다. 우리나라에는 신라 유리왕 때 아낙네들이 베짜기 대회를 하여 팔월 보름날이면 평가를 하여 술과 음식을 나누어 먹으며 온갖 놀이와 가무를 즐기는 명절을 가배라 불리기도 하였다.
　이처럼 추석이 다가오면 흩어져 살던 모든 가족들이 한 자리에 모여 한 해의 즐겁고 괴로웠던 일들을 서로가 위로와 격려를 나누는 시기였던 것이다. 이날이야 말로 한 해의 풍성한 농작물로 만들어진 각양각색의 음식들이 등장하며 3대가 모여 앉아 송편을 빚고 식혜며 수정과며 한과 등을 만들고 남정네들은 윷놀이와 쥐불놀이 등을 즐기는 날이기도 하였다.

허나 요즈음에는 농촌 생활 보다는 도시 생활에 익숙해진 시대를 살다보니 이러한 고유의 미풍양속을 잊고 살아가는 모습들이 자못 아쉽기도 하다. 그리하여 올해는 손자 손녀들이 제법 성장하여 청소년이 되어 온다기에 색다른 이벤트를 만들어 주고 싶었다.

 매년 귀찮다는 생각으로 떡집에서 사다가 먹던 떡이며 가게에서 사다가 먹던 식혜며 수정과 들을 집에서 직접 만들어 주기로 하였다. 옛날처럼 딸과 손녀와 함께 송편도 빚어 보고 식혜며 수정과 한과도 만들어 할머니의 솜씨도 자랑하고 싶어졌다.

 이는 단순한 자랑이 아니라 먼 먼 훗날 나의 귀엽고 사랑스러운 손자 손녀들에게 아름다운 추억거리를 만들어 주고자 함이었으며 우리의 고유한 문화와 조상들의 삶의 지혜와 생활 방식을 전수 시켜 주고자 함이었다. 다행히도 모든 가족들이 일심동체가 되어 각자가 자기들이 맡은 임무에 정성을 다하여 주는 모습에서 무한한 행복감을 만끽하는 명절이기도 하였다.

 이 즐거움을 모르고 살아가는 오늘날의 젊은이들에게 꼭 들려주고 싶다. 내년에도 그 후년에도 또 다른 조상들의 삶의 지혜와 풍습을 전수 시켜주고 싶다.

 그것이 삶의 아름다운 모습이며 행복이란 걸 느낄 수 있게 말이다.

추모 예배

우리나라는 이조시대 때 유교적 사고 관념으로부터 시작되었다. 유교란 도(道)를 숭상하는 것이다. 이는 나를 세상에 태어나게 한 부모와 조상을 숭배하고 예의를 지키는 하늘처럼 하라는 것이었다. 불교의 철학과는 아주 비슷하나 약간의 차이가 있는 지극히 동양적인 사고와 관념으로 시작되었다고 할 수 있다.

그러한 문화가 세상을 떠나신 조상들께 드리는 제사란 문화였다. 이는 곧 부모와 조상들의 삶을 철학과 사상 그리고 삶의 지혜를 자손 대대로 이어 받고자하는 문화로부터 시작되었던 것이다. 그 뜻을 기리고자 돌아가신 날을 지정하여 자손들이 모여 앉아 기념하고 추모하며 모처럼 모인 가족들이 음식을 차려 예를 갖추고 서로가 나누어 먹으면서 우의를 돈독히 하는 것이었다.

그러한 문화가 조선조 말기에 기독교 문화가 들어와 세상을 창조하신 하나님의 존재를 인식하게 되면서부터 부모와 조상을 숭배하는 문화가 점점 바뀌게 되었다.

이는 곧 세상을 창조하신 분은 오직 하나님 뿐 이라는 논리로 유교적 제사 문화는 조상은 신(神)이 아니고 인간이라는 것이다. 인간은 죽음을 통하여 영혼과 육신은 흙으로 돌아간다는 것이었다. 따라서 기독교적 사상은 제사의 예는 오직 하나님을 기리는 것이라 하여 제사 대신 예배라는 제도가 형성되어 오늘 날에 이르게 되었다.

그러나 그 예배 중에도 조상을 그리워하며 그들의 사상적 철학을 이어받기를 원하고 이미 돌아가신 분들이지만 하느님의 품에서 영생하기를 기독교적 형식으로 예를 갖추는 문화이다.

따라서 유교적 사상이나 불교적 사상이나 기독교적 사상이 형식과 내용에 따라서는 약간의 차이가 있으나 부모와 조상을 숭배한다는 것은 조금도 다를 바가 없는 것이다.

그러함에도 서로의 종교가 다르다 하여 배타시하고 격멸하며 비판하는 것은 참으로 잘 못된 것이다. 나는 58년 전 결혼 할 때 시부모님께서 교회 나가서 예배드리는 것을 허락하셨다.

"제사란 형식이 문제가 아니라 마음의 정성이 문제라고 하시며 기쁜 마음으로 온갖 정성을 다하여 추념하고 그 뜻을 잘 받들어 행복한 가정을 꾸며가라고 하셨다."

그 후 지금껏 집안의 풍습에 따라 제삿날에는 온갖 정성을 다하여 가족들이 모여앉아 제사도 드리고 경건한 마음으로 기도도 열심히 드린다. 뿐만 아니라 부모님께서도 세월이 지나 세상을 떠나실 때 기독교적 형식으로 장례를 치르기도 하였다. 그러나 남편의 뜻에 따라 유교적 제사문화를 따르면서도 기독교적 감사의 기도를 열심히 받들어 모시고 있다.

이는 가족과 가정의 평화를 위한 것이며 상호간의 종교적 사상과 이념을 서로가 존중해 가는 것이라 생각한다. 모든 생각의 문화는 형식이 아니라 정성과 이념에 따라 최선을 다함에 그 깊은 뜻이 존재한다고 생각하며 믿고 있다.

사색의 등불을 밝히는 사랑의 묘약
― 정귀자 시인의 시세계

정 찬 우 시인, 문학평론가

 반세기가 넘도록 시를 써오면서 수많은 문학 지망생들을 지도하고 등단을 시켜 한국문단에 반듯한 시인이 되고 수필가 되고 소설가와 평론가 되어 활동하고들 있다. 그럴 때마다 크고 작은 보람과 만족감도 느끼지만 간혹 중도에 포기하거나 아예 문학의 길을 접는 사람들도 있다. 취미는 있으나 감성이 메말라 따라오지 못하는 자도 있는가 하면 허황된 마음에 도전해 보다가 포기하는 자들도 있기 마련이다.
 그러나 어린 시절부터 문학적 감상을 가진 사람들은 뒤늦은 나이에도 불구하고 끝까지 도전하여 등단의 영예를 짊어지고 어엿한 문인으로서의 길을 걷는 모습들을 볼 때마다 참으로 존경스럽다.
 세상은 온통 벚꽃이 흐드러지게 피어나는 어느 날, 내 강의실에 나이 지긋한 여성분이 찾아오셨다. 물론 성인반 이였기에 50세부터 70세에 이르는 분들이었지만 이 어르신은 80세가 넘으셨다. 그리하여 며칠 다니시다 그만 두시겠지 하는 생각으로 별 관심을 갖지 않다.

그런데 의아하게도 3개월이 넘도록 단 한 시간도 빠뜨리지 않고 열심히 수업을 듣고 글 쓰는 숙제도 잘 해 오신다. 그 글 쓰는 솜씨가 예사롭지 않아 물었더니 어린 시절엔 문학소녀가 되는 것이 꿈이었다고 한다.

그러나 환경이 열악하고 기회가 없어 문학의 길을 포기하고 평생을 살아오시다 늦은 나이에 문화센터와 복지관에서 문학 강의가 있다는 소식을 듣고 찾아 왔다고 한다. 나이가 드신 대부분의 어르신은 그러한 환경 속에서 살아오시다가 뒤늦은 나이에 그 꿈을 향해 도전해 오신 분들이 많다.

정 시인 역시 3년 반 동안 수필과 시를 공부하여 사화집도 3번이나 출판하였다. 그럴 때마다 자녀들은 물론 지인들이 좋아 하신다며 항상 밝은 모습이었다. 그리하여 최근까지 100여 편이 넘는 갈고 닦으신 작품들을 묶어 시집을 내게 되었다.

참으로 인간의 능력은 무한대 인 것 같다. 남들은 감히 생각지도 못한 투지와 의욕을 불 살려 자신의 꿈을 가꾸어 간다는 것이 얼마나 대단하고 존경스러운지 모르겠다. 흔히들 얘기하듯이 나이는 숫자에 불과한 것 같다.

정 시인은 연세에 비하여 사물을 통찰하는 능력과 감성이 풍부하며 언어의 마술사다운 표현력과 구사 능력이 젊은이들과 조금도 뒤지지 않는다고 할 수 있다. 참으로 자랑스럽고 기특하다.

그간의 작품들을 살펴보면 사랑에 관한 시들이 많으며 그

것들은 종교의 정신적 바탕 위에 쓰여진 시와 가족과 사회에 대한 밝고 맑고 깨끗한 믿음과 신뢰를 중시하는 순수성을 지향하고 있다고 하겠다. 그런가하면 어린 시절의 고향에 대한 향수와 그리움, 친구들과의 추억들을 다루는 작품도 있으며, 삶에 대한 철학적인 사고와 계절 감각에 따른 심미적 성찰도 잘 다루고 있다 하겠다.

그럼 다음과 같은 작품들의 감상해 보기로 한다.

> 사색의 교정(校庭)에 앉아
> 바람의 풍요를 느낄 때 쯤
> 깃발로 흔들어 깨우는 조국이 있고
> 가슴에 젖은 교기(敎旗)가 뭉클하게 흔들린다
>
> 푸르름이 짙어진 플라타너스의
> 우람한 잎들의 향기
> 바람에 젖고 가슴에 흔들리는
> 한적한 벤치에 앉아
>
> 땡볕으로 익어가는 운동장에서는
> 폭포수 같은 땀방울 흘리며
> 뛰어 노는 까까머리 아이들
> 송알송알 불어오는 바람에 몸을 맡겨
> 해후(邂逅)를 즐기고만 있다
>   ― 〈바람이 불어오는 날〉 전문

꿈을 먹고 자라는 어린 시절에 시골 초등학교의 추억을

떠 올리며 교정에서 바람에 펄럭이는 태극기와 학교의 상징인 교기를 바라볼 때 마다 가슴 뭉클한 추억들이 떠오를 것이다. 그 뿐이겠는가 봄가을에 있었던 운동회의 추억은 더욱더 커다란 감정을 이입시켜주고 있을 것이다. 달리기며 줄다리기며 청군 홍군의 기마놀이며 콩주머니를 던져 흥부의 박을 터트려 쏟아지는 눈송이 같은 색종이의 찬란한 휘날림들, 엄마 아빠와 함께 발을 묶어 달기를 하던 추억들은 잊을래야 잊을 수 없는 추억들이 아니겠는가. 점심시간이 되면 엄마가 만들어 온 도시락에 과일이며 사탕의 맛들 친구들과 와자지껄 소리소리 지르며 온 몸이 땀에 흠뻑 젖도록 뛰어 놀던 그 시절을 연상케 하는 작품이다.

참으로 감개무량하다. 80을 훌쩍 넘기신 노인의 가슴 속에는 아직도 그 시절의 소녀다운 상상력을 발휘 할 수 있었다는 것이다. 뿐만 아니라 1연의 '깃발로 흔들어 깨우는 조국이 있고/ 가슴에 젖은 교기(敎旗)가 뭉클하게 흔들린다'// 의 통찰력과 상상력은 이미 50년이 넘게 시를 써온 원로 시인이 아니면 감히 상상할 수 없는 언어의 마술사이고 언어의 달인이라 아니할 수 없다.

또한 4연의 '폭포수 같은 땀방울 흘리며/ 뛰어 노는 까까머리 아이들/ 송알송알 불어오는 바람에 몸을 맡겨/ 해후(邂逅)를 즐기고만 있다'// 란 표현 역시 얼마나 감격스럽고 아름다운 언어의 발상인가.

또 한편 작품 「운동장에서」의 1연 '까마득한 옛날/ 쪽빛

산 넘어 엔 뭉게구름 따라/ 피어오른 가느다란 연기들// 운동장에서는/ 비지땀 흥건히 젖던/ 공놀이며 뜀박질이 한창이었고// 호루라기에 맞춰 달리기도 하고/ 어기영차 줄다리기 하던 단발머리 시절// 강물처럼 흘러간 반세기의 추억들이/ 이제는 허리 다리 휘어져/ 뒤뚱거리는 몸을 부여잡고/ 엇박자 인생길 걷고만 있다'// 라고 표현한 것처럼 아무리 기나긴 세월이 흘러가도 우리들이 자라난 고향과 문화는 영원히 변할 수 없다는 것을 암암리에 표현하고 있다는 상상력이 참으로 놀랄 만하다.

> 만세를 우러러 펄럭이는
> 저 높은 기상의 나팔소리
> 그대 있어 하나 되고
> 그대 있어 행복해지는
> 우리들의 마음
>
> 문향으로 이루어진
> 굴곡진 사괘의 깃발
> 민족의 자긍
> 민족의 혼으로 펄럭이는
> 가슴 벅찬 찬란함이여
>
> 백두에서 한라를 이어
> 태평양을 건너 우주를 향할지니
> 평화의 등불 화려하게 밝혀

인류를 향해 평화를 향해
높이 높이 솟아라
끝없이 펄럭여라
대한의 상징이여

          ― 〈태극기〉 전문

하얀 연보랏빛 잎새에
찬란히 불어대는 목향의 꽃
운동장을 에워싸고 들어서서
밝은 미소로 생을 즐기고 있네

애환의 가슴 부여잡고
눈물도 많았을 터
끈기와 인내의 산실되어 지켜온
백의의 민족혼

세기를 넘고 우주를 건너
대한의 깃발로 활짝 피어난
나라의 꽃 민족의 얼굴이여

만세를 우러러 피고 지는
민족의 얼(魂)
영원토록 풍요롭게 꽃피워라

          ― 〈무궁화〉 전문

 작품 태극기와 무궁화는 우리나라를 상징한 깃발이며 민족의 혼을 표현한 것이다. 시인이 어린 시절엔 매일 같이 태극기를 바라보며 애국가를 부르고 무궁화 꽃을 볼 때마다 애환의 정을 느끼며 잊을 수 없는 추억들이 가슴에 맺혀 있었다.

전 세계의 어느 나라 어느 민족이건 자신의 국가와 민족에 대한 사랑이 없을 수 없듯이, 우리나라 우리 민족은 과거에 조국을 빼앗겼던 피맺힌 사연이 있었기에 더욱 더 그 아픈 상처와 조국애와 민족애에 대한 감정은 더 짙을 수밖에 없을 것이다.

우리나라의 태극기가 최초로 만들어진 것은 1882년의 조선시대에 고종의 명을 받아 박영효가 일본의 사신으로 가는 도중 배 안에서 국가를 상징할 만한 것을 구상하다가 태극문양에 4괘를 넣어 도안한 것이 오늘날의 대한민국을 상징한 태극기가 되었다.

그런가 하면 무궁화는 우리나라에 오랜 기간 동안 가장 많이 자생하는 꽃이라하여 근화(槿花)라고 불리어졌던 꽃이다. 이는 삼국시대로 거슬러 올라가면 동양에서는 우리나라를 당나라에 가장 가깝게 있다하여 근역(槿域) 또는 근화향(槿花鄕)이라 불리어졌다는 문헌이 나옴으로서 확인이 되었다. 이 꽃은 이른 여름에서 가을까지 꽃이 피는데 아침 이슬을 먹고 피어났다가 저녁 이슬이 내릴 때쯤에 지는 꽃이다 하여 일일화(一日花)라고 부르기도 하였다고 한다.

이 무궁화는 참으로 신선하고 아름답고 단정하고 정숙하며 있는 듯 없는 듯한 구수하고 은은한 향을 품고 있는 독특한 아미(雅味)를 느끼게 한다.

참으로 기이한 것은 꽃송이마다 아침에 피었다 저녁에 지는데도 불구하고 수많은 꽃이 가을까지 계속해서 피어나는 꽃이라하여 인내와 끈기가 있다고 한다. 그리하여 자연스럽게 우리나라에 가장 오래전부터 가장 많이 자생하고 있으므로 해서 우리 민족성의 인내와 끈기가 닮았다고 하여 나라꽃으로 지명 받게 된 것이다.

따라서 시인은 태극기에서 '만세를 우러러 펄럭이는/ 저 높은 기상의 나팔소리/ 그대 있어 하나 되고/ 그대 있어 행복해지는/ 우리들의 마음// 이라고 하는가하면, 문향으로 이루어진/ 굴곡진 사괘의 깃발/ 민족의 자긍/ 민족의 혼으로 펄럭이는/ 가슴 벅찬 찬란함이여// 라고 극찬을 하는가 하면 백두에서 한라를 이어/ 태평양을 건너 우주를 향할지니/ 평화의 등불 화려하게 밝혀/ 인류를 향해 평화를 향해/ 높이 높이 솟아라/ 끝없이 펄럭여라/ 대한의 상징이여'// 고 읊고 있다. 이는 시인의 마음이 얼마나 크고 훌륭한지를 나타내 주고 있다. 반도에 사는 우리 민족끼리라도 잘 살면 되리라만은 민족을 넘어 세계를 향한 인류 전체가 우정과 평화가 넘쳐나기를 기원하는 통찰력을 가지고 있다는 점에서 감히 존경하지 않을 수 없는 표현들이다.

또한 작품 무궁화에서도 '애환의 가슴 부여잡고/ 눈물도 많았을 터/ 끈기와 인내의 산실되어 지켜온/ 백의의 민족혼// 세기를 넘고 우주를 건너/ 대한의 깃발로 활짝 피어난/ 나라의 꽃 민족의 얼굴이여// 만세를 우러러 피고 지는/ 민족의 얼(魂)/ 영원토록 풍요롭게 꽃피워라'// 라고 부르짖고 있는 모습이 세계의 인류 평화를 우리 국가와 우리 민족이 이루어 가자고 하는 깊은 뜻이 엿보인다.

 통상적으로 여류 시인들의 글들은 남성 시인들에 비해 생각과 표현의 방법과 기법이 좁기 마련인지만 정 시인은 어느 남성, 어느 원로 시인들 보다 자신의 삶의 생각과 뜻의 철학이 크고 넓다는 점에서 아낌없는 찬사를 보내고 싶다.

  인연으로 맺은 정(情)
  한 생을 살아오며
  기쁨도 슬픔도 많았을 것을

  어찌 그 짧은 인생 길
  세월의 정을 느끼지 못하고 살았는지
  순간의 석별이 이렇게 외로울 줄이야

  미안하다는 말
  사랑한다는 말
  행복했다는 말
  한 마디 전하지 못하고
  떠나보낸 아쉬운 정 어찌 헤아릴지

  스치는 바람은
  내 마음 알고나 있을런지
  바람의 여운으로 전하리오
          — 〈바람의 여운〉 전문

여명(黎明)이 피는 새벽이면 햇살 머금고
노을 진 해질녘엔 보고픔 새기면서
반짝이는 별빛 아래 은하계를 수놓으소서

사랑하는 님이시여
외로움은 누군가로 채울 수 있다지만
그리움은 오직 당신뿐이라는 걸
                                               ― 〈그대 찾는 길〉 일부

떠나보낸 님이 그리움은
운명인 듯 사랑인 듯
보고픔에 안겨 우는 밤의 시간들

환한 웃음에 다정한 그 목소리
언제쯤 다시 만나 그 가슴에 안겨보리

서성이는 바람결도 무심토록
후두둑 젖어드는 슬픈 눈망울
하늘도 땅도 야속한 침묵이네
                                            ― 〈떠나보낸 그리움〉 일부

고요가 흐르는 새벽녘
하늘이 그렇고 땅이 그렇고
산자락마저 하얀 눈으로 뒤덮여

행여나 잊을세라
당신이 가시는 길
밝혀 주고 있나 보내요

당신의 그림자는 가슴앓이 늪으로
사라지고만 있구려

― 〈님의 잔상〉 일부

  위의 작품 「바람의 여운」「그대 찾는 길」「떠나보낸 그리움」「님의 잔상」은 모두 다 인연과 필연으로 만나 지고지순한 사랑으로 일생을 함께 살아온 남편을 먼저 하늘나라로 보낸 아쉬움과 그리움을 노래한 작품들로 구성되어 있다.
  작품 「바람의 여운」에서는 인연을 맺고 사랑과 정을 나누며 일생을 살아가는 동안 어찌 기쁘고 행복한 날만 있었겠는가, 때로는 괴로움도 슬픔도 있었을 것이며, 가벼운 말다툼도 있었을 것이다. 그럴 때마다 미안하다는 말, 사랑한다는 말, 행복했다는 말, 한 마디 못하고 한 생을 살아오다가 뜻밖에도 먼저 가신님이 그립고 안타까웠던 자신들의 삶을 생각을 하면서 마음속의 뉘우침과 깨달음에 미안하고 안쓰러웠던 수많은 감성들에 대한 회개의 정이 참으로 가슴 아프게 닦아온다.
  그렇다. 시인 뿐 만은 아닐 것이다. 인간이라면 누구나 다 감정이 있는 동물이기에 다투고 싸우고 이해와 화해로 감정을 풀어가며 사랑과 정분으로 살아가는 것이다. 그러나 참으로 아이러니하게도 함께 살아가는 동안에는 전혀 그러한 감정들을 못 느끼고 살아가다가 어느 한쪽이 옆에 없을 때 갑자기 느껴지는 감성은 이루 말로는 할 수 없을 만큼 외로움과 쓸쓸함을 넘어 혼자라는 개념에 이르는 순간마다 극한적인 우울함과 독백에 젖어 슬픔마저 자아내는 것이다.

　서로가 서로를 향해 함께 살아가면서 있었던 상대를 위하여 헌신과 노력으로 잘 해주어서 즐겁고 행복했던 감정 보다는 못해 주어서 불행했다는 감정이 앞서기 마련이다. 그때서야 자학과 자괴감으로 괴로워하고 슬픔을 감추지 못하는 것이 인생인가 보다.

　작품 「그대 찾은 길」에서의 4연은 '사랑하는 님이시여/ 외로움은 누군가로 채울 수 있다지만/ 그리움은 오직 당신뿐이라는 걸'// 이라고 회개하는 모습과 작품 「떠나보낸 그리움」에서는 '떠나보낸 님이 그리움은/ 운명인 듯 사랑인 듯/ 보고픔에 안겨 우는 밤의 시간들// 환한 웃음에 다정한 그 목소리/ 언제쯤 다시 만나 그 가슴에 안겨보리'// 라고 슬픔을 자아내고 있다.

　또한 작품 「님의 잔상」에서는 '이제 혼자서 감당해야 할/ 그 아릿한 그리움// 당신의 그림자는 가슴앓이 늪으로/ 사라지고만 있구려'// 라고 극한적인 슬픔과 괴로움을 후회의 자괴감으로 표현하고 있다.

　이 작품들을 감상 할 때마다 느껴지는 것은 부부간의 사랑과 정이 얼마나 두터웠나를 가슴 속 깊게 새겨 본다. 그렇다. 인간은 누구나 세상에 한 번 나왔다 한 번 가는 길이다. 그러기에 연을 맺고 사는 동안은 후회 없이 사랑하고 하고 싶은 것 다 해 보고 즐겁게 살다가 후회 없이 가는 것 이라고들 하는 것이다.

세월이 남기고 간 흔적들에
다정하다는 말보다
그리움으로 자리한 어머니란 이름

하늘보다 높고 바다보다 깊은
천지 만물의 영장처럼
위대하신 어머님

고난과 역경 속에도
서릿발 내린 잔주름 감추어 오신
모정의 세월들

어찌 세우셨는지
어제야 알 것 같은
눈물어린 멀고도 먼 추억들

뒤늦게 울부짖으며 불러 보고픈
어머니
어머니

— 〈그리움(1)〉 전문

갖가지 사연 엮여 바람타고 오시는/ 님이시여//
배려와 관심으로 포근히 맞아주신/ 그 따스한 사랑들//
세월 속에 묻혀 져 가는/ 그 소중한 추억들/
즐거움이고 애잔함으로 밀려온/ 연민의 사랑 이야기//
삶이란/ 고운 정 미운 정 엮어가는/
해바라기 인생인 것을//

— 〈삶의 여정〉 일부

가족이란/ 생명의 피와/ 깊은 정으로만 자란/ 숙명의 존재//
　　피었다 지는 희로애락과/ 가뭄 속의 단비처럼/ 영원한 믿음과 배려와/ 사랑의 결정체이다//
　　거기엔 언제나/ 네 것 내 것이 없는/ 정과 사랑만이 존재한/ 무한 리필의 텃밭이고//
　　생각과 말과 행동이/ 오직 하나 일수밖에 없는/ 뜨거운 혈육의 존재란다//

　　　　　　　　　　　　　　　- 〈가족〉 일부

　　나는/ 당신의 뜰에 갓 피어난/ 한 송이 흰백합화//
　　그 은은한 향기/ 매일처럼/ 당신께 올려 드리고픈/ 목마른 나의 영혼//
　　오늘도/ 파릇한 향기로만 전해오는/ 당신의 음성//
　　빛으로만 내리신/ 갸륵한 당신의 은총/ 삶의 기쁨으로/ 아름다운 일상입니다//

　　　　　　　　　　　　　　　- 〈아름다운 일상〉 전문

　위의 작품「바람의 여운」「그대 찾는 길」「떠나보낸 그리움」「님의 잔상」은 부부나 연인 간의 사랑을 논하는 시였다면「그리움」「삶의 여정」「가족」은 부모와 자식 간의 애틋한 사랑을 노래한 작품들이다. 사랑에는 아가페적인 맹목적인 사랑이 있는가 하면 에로스적인 상대적인 사랑이 있기 마련이다. 위의 작품처럼 연인과 부부 간의 사랑은 아가페와 에로스적인 사랑이 합치된다면, 가족 간의 사랑은 혈육이라는 맹목적인 사랑이다.
　그러기에 영원히 무한 리필의 사랑만이 존재한다고 할 수 있다. 어떠한 사랑이든 그 존재의 비중을 저울질 할 수는 없는 것이다. 그 만큼 사랑의 무게는 그 어떠한 것과도 비교가 안 되는 존재의 가치를 가진 것이다. 문명이 발전한 사회일수록 부도덕적인 현실이 자주 드러나기도 하지만 그것은 진정한 사랑의 개념과 정의를 모르기 때문이다.

그래서 진정한 사랑이란 숙명적인 것처럼 믿음과 배려와 희생이 반드시 결합 되어야만 하는 것이다. 그러한 측면에서 볼 때 이 작품들은 너무도 애정의 깊은 점도가 강해 보이며 그 표현력과 언어의 구사 능력이 뛰어난 작품들이라고 생각한다.

그런가 하면 작품 「아름다운 일상」「어머니」「그리움」「가신 님」「님의 목소리」 등은 혈육 간의 사랑을 종교적인 측면까지 승화시키고픈 바람과 용기를 가지고 있다 하겠다.

정귀자 시인의 작품 세계는 지극히 종교적인 믿음과 신뢰와 배려와 배품의 정신으로 신을 숭상하는 것에서 부터 인간과 인간, 인간과 자연에 이르기까지의 사랑이 깊고 넓은 희생적인 삶의 철학을 가지고 있다 하겠다.

다만 아쉬운 것은 조금만 더 젊은 시절부터 시를 썼다면 보다 훌륭한 필력을 남길 수 있었을 터인데 하는 미련이 남아 있다. 요즘에는 백세시대라고 하지 않든가. 각박해지는 시대의 등불이 될 수 있는 주옥같은 많은 작품을 남기시어 한국문단의 큰 별이 되길 기원해 본다.

내 영혼을 흔들어 깨우는

인   쇄 | 2024년 10월 25일
발   행 | 2024년 10월 31일

지은이 | 정귀자
펴낸이 | 정찬우
펴낸곳 | 도서출판 밀레

등   록 | 2004년 12월 15일 제204078호
주   소 | 서울 서초구 효령로 53길 18, 210호
　　　　 (서초동, 석탑오피스텔)
　　　　 TEL : (02)588-4671~2
　　　　 FAX : (02)588-4673
　　　　 e-mail : hyunwoot@hanmail.net

값 20,000원
ISBN 978-89-97815-33-3

파본은 본사나 구입하신 서점에서 교환해 드립니다.
이 책은 저작권법에 의하여 보호를 받는
저작물이므로 무단 전재와 복제를 금합니다.